AF320903

DE LA NÉCESSITÉ

D'AMENDER

LA PROPOSITION DE M. LAFITTE,

RELATIVE

A L'EMPRUNT

FAIT PAR LA LIBRAIRIE

SUR LE PRÊT DES TRENTE MILLIONS

ACCORDÉS AU COMMERCE.

PAR B. WARÉE Aîné, LIBRAIRE,

Ainsi vous aurez fait sortir les écus de leur retraite, *mais au dépens des commerçans nécessiteux* et au *détriment du Trésor*; vous n'aurez donné qu'une prime d'encouragement aux détenteurs du numéraire. Ne croyez pas que cette circulation factice soit un bienfait. Le bien, s'il existe, ne sera qu'apparent et momentané; la crise qui suivra sera réelle et longue; *et vous aurez donné un funeste exemple*: celui de DÉPENSER LA FORTUNE PUBLIQUE EN FAVEUR DES INTÉRÊTS PRIVÉS.

(M. CUNIN-GRIDAINE, séance du 6 octobre 1830.)

MAI 1833.

DE LA NÉCESSITÉ

D'AMENDER

LA PROPOSITION DE M. LAFITTE,

RELATIVE

A L'EMPRUNT

FAIT

PAR LA LIBRAIRIE

SUR LE PRÊT DES 30,000,000.

Si la Proposition développée devant la Chambre des Députés, par l'honorable M. Lafitte, et prise en considération dans la séance du 11 mai, avait été présentée sous le point de vue d'indiquer au Gouvernement, sans nuire aux intérêts généraux de la Société, un moyen salutaire de secourir quelques libraires en faillite ou insolvables, malgré leur part dans le secours des 30,000,000, accordés au commerce; aucun citoyen, et moins encore un libraire, se serait élevé contre une telle mesure.

L'Auteur de cette proposition , induit, sans doute, en erreur par des rapports spécieux, ne s'est point contenté de tracer la position plus ou moins intéressante ou embarrassée des libraires emprunteurs au nom desquels il implore les bienfaits du gouvernement; cet honorable Député a été jusqu'à dire que si la proposition était écartée, outre la ruine de familles nombreuses, le commerce de la librairie serait anéanti ; que c'était au NOM du *commerce entier de la librairie* qu'il suppliait la Chambre de venir à son secours, non pas en accordant aux libraires emprunteurs de nouveaux délais (ce qui aurait été plus facile à concevoir), mais en proposant une loi qui autoriserait le Ministre des finances à accepter l'abandon de valeurs commerciales s'élevant à 3,700,000 fr. données en garantie sur un prêt de 1,284,000, *seul moyen efficace, puisque tous les emprunteurs étaient dans l'impossibilité de remplir leurs engagements* (1).

Malgré la puissance des argumens dont M. Lafitte s'est emparé pour soutenir cette proposition, malgré les *observations* et les *courtes observations* rédigées par M. Bossange père, auquel trente années d'expérience donnent le droit d'élever la voix; observations distribuées à la Chambre et appelées,

---

(1) Discours de M. Lafitte.

par un orateur, des *documents précieux* (1), j'o-
serai, libraire non cuirassé d'une aussi vieille
expérience, combattre cette proposition, qui, je
l'affirme, n'a point été émise dans l'intérêt général
du commerce que j'exerce.

La Librairie ne peut réclamer comme *une grâce*,
un bienfait, cette loi dont le seul mérite serait d'at-
tirer une exception injuste, de nouvelles faveurs
sur quelques négocians secourus une première fois,
lorsque beaucoup de maisons moins heureuses,
auxquelles le monde littéraire est redevable d'im-
portantes entreprises, ont été obligées, pendant la
crise qui a suivi les événemens politiques, de faire
flèche de tout bois, afin de remplir leurs engagemens ; sacrifier ainsi fortune et avenir.

Comme M. Bossange père, en présentant ces
observations, je dis, *nul intérêt personnel ne
me guide, je n'ai point pris part à l'emprunt,* et
j'ajoute : AUCUN DES MIENS.

Je supplie donc les personnes qui liront cet écrit
d'être persuadées qu'il n'y a rien d'hostile ici

---

(1) Au nombre de ces documens, doivent être compris les tableaux
statistiques des bibliothèques ; aussi est-il juste d'en attribuer le mérite à son véritable auteur. Dès 1819, ces tableaux avaient été insérés
à la suite d'un ouvrage de M. Petit-Radel, intitulé : *Recherches sur
les bibliothèques anciennes et modernes,* in-8°. Il y a quelques
inexactitudes dans les tableaux de M. Bossange. Ainsi, omis-
sion de bibliothèques : à Foix, cinq mille volumes ; à Larochefoucauld, cinq cents ; à Bourges, treize mille ; à Périgueux, onze mille ;
à Pontarlier, trois mille huit cent cinquante, etc., etc.

contre le corps entier de la Librairie. Loin de détourner les mandataires du pays de voter une loi équitable, je joindrais mes faibles efforts à ceux des hommes éclairés qui ont soutenu la proposition, si, comme je le désirerais pour ma profession, il était possible d'entrevoir, dans cette proposition, autre chose qu'un bill d'indemnité à accorder aux spéculateurs ! S'il en était autrement, je briserais ma plume. Mais la conviction profonde qui me guide me prescrit de remplir une tâche pénible, puisqu'elle m'obligera de dire quelques vérités peu honorables à ceux auxquels elles s'appliquent.

Si la Chambre, malgré les discours prononcés par ses orateurs, persistait à accueillir une aussi dangereuse et aussi impolitique proposition, ces observations seront peut-être utiles pour l'avenir.

Dès 1828, la Librairie avait été gravement compromise par l'impression simultanée de plusieurs éditions d'ouvrages échus au domaine public. Cette reproduction sans nécessité devait porter atteinte à un commerce aussi fragile : la fabrication étant au-dessus des besoins, les débouchés plus circonscrits, le mal devenait inévitable, par l'impossibilité de réaliser. Cependant, avec plus de circonspection, moins d'activité dans les entreprises nouvelles, le crédit aurait repris son cours ; car le progrès des lumières toujours croissant, fait naître la nécessité d'une instruction qui ne peut être consolidée que par la lecture des bons auteurs.

La Librairie s'aperçut trop tard des causes de son

malaise : elle voulut y remédier, en modérant ses labeurs ; mais à côté d'elle s'éleva une concurrence née de l'état des choses. Des compagnies d'ouvriers compositeurs et imprimeurs, dont les travaux étaient ralentis, se firent à leur tour éditeurs, moyennant l'achat de fontes de caractères et le louage de presses par les maîtres imprimeurs, devenus ainsi les prête-noms de leurs ouvriers. De là, mise au jour de ces milliers de volumes de format in-18 et in-8°, offerts à un public avide de nouveauté et du bon marché : on ne tint pas compte de la défectuosité de ces nouvelles productions. Le coup fut porté : les éditeurs des ouvrages imprimés avec soin, et ces ouvriers-éditeurs furent tous ruinés et forcés d'abandonner leurs entreprises.

D'une autre part, l'exportation était considérablement diminuée, depuis 1820, époque à laquelle la Belgique n'a cessé de contrefaire indistinctement tous nos auteurs anciens et modernes ; contrefaçons que ces incommodes voisins ne se contentent pas d'exporter en Allemagne, en Russie, mais qu'ils trouvent, grâce à l'*incurie de la douane française*, le moyen d'introduire dans nos provinces du Nord, et placer de préférence dans les bibliothèques des magistrats, chargés d'appliquer aux débitans d'éditions contrefaites les peines infligées par le Code pénal.

De ces causes, devaient naître infailliblement une crise violente : elle était inévitable ; les journées de juillet avancèrent seulement de quelques mois ce qui était prévu : le retrait immédiat du crédit.

Après ces journées mémorables, le gouvernement vint au secours du Commerce. L'imprimerie et la librairie furent comprises dans le prêt qui eut lieu. Peu de professions avaient des droits mieux acquis ! C'était un devoir national de tenir compte à la presse de la lutte qu'elle avait soutenue pendant quinze années contre un pouvoir puissant, qui, dans sa chute inattendue, devait consommer la ruine de son plus redoutable adversaire. Aussi une somme de 1,800,000 fr. (au lieu de 1,284,000 fr.) fut-elle destinée à protéger, secourir l'une de ces deux branches de commerce qui avaient tant fait pour la cause commune : *la Librairie*. Sans chercher à approfondir le motif des exclusions dans le partage des fonds destinés aux besoins de ces deux industries, il est important de consigner ici : qu'un grand *nombre de libraires ayant des droits acquis, soit par leur réputation personnelle, soit par les entreprises dont ils avaient doté le monde littéraire, ou par les garanties qu'ils offraient,* NE FURENT POINT ADMIS au prêt, réparti seulement entre quelques maisons privilégiées DÉBITRICES *de quelques hauts et puissans financiers,* ne représentant qu'une portion bien minime de ce commerce au nom duquel on s'adresse à la Chambre (1).

______

(1) On objectera peut-être que la répartition des fonds a été faite sur la liste dressée par une commission prise dans la librairie. A cela, il

Les libraires emprunteurs doivent être divisés en trois classes

Dans la première, se trouvent les libraires-éditeurs, connus par des opérations utiles, et qu'on n'aurait pu éliminer sans soulever de justes plaintes.

Dans la deuxième, les éditeurs malheureux dans leurs entreprises, gênés avant les événemens de 1830, par les raisons déduites au commencement de cet écrit, et dont les marchandises se trouvaient déjà entre les mains de leurs créanciers, avant de passer dans les magasins de l'État.

Enfin dans la troisième, se trouvent placés les libraires-éditeurs et les spéculateurs en librairie, qui, par leurs positions sociales, les hauts emplois qu'ils occupent, ont obtenu, sur nantissement, une somme tellement forte, qu'il y aura bénéfice pour eux à profiter d'une loi qui les libérerait moyennant *abandon conditionnel.*

Les libraires compris dans la première classe, ayant mis en dépôt des ouvrages d'une valeur commerciale et réelle, se sont empressés de retirer les gages du prêt. La Chambre pourra s'assurer que

---

est utile de consigner ici, que cette commission, tant soit peu aristocratique, choisie parmi les membres dits du *cercle de la librairie*, cercle qui n'admettait pas tous *les libraires solvables*, n'a eu d'autre intention que de favoriser ses sociétaires, malgré le désintéressement de l'un des commissaires qui avait annoncé, lors des réunions, que quant à lui, il ne bénéficierait pas de la loi, mais s'étant ravisé, demanda, non à cause de lui, *mais pour une opération dont il était éditeur principal,* une somme de **60,000** fr.

parmi ces honorables et dignes confrères figurent les notabilités de ce commerce admis (1). Il n'y a donc pas eu exactitude d'avancer que tous les emprunteurs étaient dans l'impossibilité de satisfaire à leurs engagemens, puisque des dépôts considérables ont été retirés, et les sommes versées dans les caisses du Trésor.

Les libraires de la deuxième classe, insolvables avant les événemens, qui ont déposé dans les magasins de l'état les marchandises données déjà en garantie à des créanciers; ceux-là, certes, ne pourront retirer, encore moins payer; car le bienfait n'a point été directement à ces pères de famille, mais aux USURIERS de la librairie; aussi sont-ils plus malheureux aujourd'hui et dans l'*impossibilité de remplir leurs engagemens.*

Dans la troisième classe se trouvent deux sortes d'emprunteurs : 1º les spéculateurs étrangers à la librairie, placés dans ce genre de commerce accidentellement, par l'appât d'un bénéfice trompeur, et auxquels la Commission a réparti la plus forte part dans le prêt, à cause, je le répète, des relations sociales et des fonctions remplies par ces spéculateurs; 2º les libraires-éditeurs en état de retirer leurs dépôts s'ils y étaient contraints

---

(1) Mon intention avait été de placer à la fin de cet écrit, la liste des libraires emprunteurs; mais, dans la crainte que l'on pourrait me supposer des intentions malveillantes, je me suis empressé de supprimer ce document précieux

par les voies judiciaires, ou par la crainte d'une mise en circulation des ouvrages donnés en garantie, et dont ils possèdent encore une partie dans leurs magasins, mais cependant qui accueilleraient avec empressement une loi qui les libérerait en faisant abandon de marchandises consignées à un prix tel, pour eux et les spéculateurs, qu'il y aurait bénéfice, étant assurés par cette loi, que ces dépôts retirés du commerce donneraient une valeur double à ceux dont ils seraient exclusivement détenteurs.

Supposons qu'un emprunteur étranger au commerce de la librairie, ait déposé un nombre considérable d'exemplaires du *Répertoire de Jurisprudence et Questions de droit*, par *M. Merlin*, cinquième édition, 26 vol. in-4°.

Si mes renseignements sont exacts, il aurait été prêté 260 fr. par exemplaire ou 10 francs par volume ; valeur supérieure de 3 fr. 50 cent. à 4 fr. au prix de fabrication qui est de 5 fr. 50 cent. à 6 fr. (l'ouvrage tiré à deux mille exemplaires) (1). Je le demande à tout homme de bonne foi, à M. F. Didot, y aurait-il perte pour cet éditeur favorisé, si l'abandon était accepté en vertu d'une loi, sur-tout, lorsque ces exemplaires seront retirés de la circulation, et destinés, d'après la proposition de M. La-

---

(1) M. Firmin Didot a été induit en erreur en portant de 300 à 400,000 francs les droits d'auteurs. S'il a entendu parler de cette cinquième édition en dépôt, ils s'élèvent au plus à *quarante mille francs* ou SOIXANTE-QUINZE *centimes* par volume.

fitte, à orner nos bibliothèques publiques, et augmenter, par cela même, la valeur de ceux que l'éditeur peut posséder.

Le bénéfice sera égal pour les libraires dépositaires solvables qui ne retireraient qu'autant qu'ils y seraient contraints. L'abandon du dépôt accélérera l'épuisement d'ouvrages d'un débit lent, mais assuré : Prenons pour exemple *les OEuvres de Descartes, édition revue par M. Cousin* ; certes, il ne peut être mieux choisi. Si cet ouvrage a été tiré à mille exemplaires, quatre cents ont suffi à couvrir les frais de fabrication et les droits d'auteur peu élevés pour ces sortes de livres. Trois cents exemplaires ont été déposés, trois cents existent dans les magasins du libraire éditeur. Sans connaître la somme prêtée sur le dépôt, n'y aura-t-il pas bénéfice à abandonner une partie de livres, qui malgré leur mérite littéraire, ne serait peut-être pas épuisée dans l'espace d'un demi-siècle (1), sur-tout, je le répéterai, quand la mesure proposée à l'appui de l'abandon, loin de nuire aux exemplaires destinés au commerce, leur donnera au contraire un prix plus élevé, par le défaut de concurrence des exemplaires mis en dépôt et retirés de la circulation. En vérité, il y a dérision à supposer que le commerce de la librairie réclame comme un bienfait une pareille loi ; il

---

(1) Après cent ans de publication, on trouvait encore en feuilles les Sermons de Bourdaloue, édition de 1707 (M. Renouard, *Manuel de la bibl. d'un amateur*, t. 1, p. 88).

n'y a d'intéressés à un tel acte, que ceux qui, par spéculation, ont déjà eu part à l'emprunt; ceux-là seuls ont intérêt à l'adoption d'une *loi injuste*, qui appellerait de nouvelles faveurs sur les mêmes individus (1).

J'ai dit à dessein une loi injuste; en effet, si les éditeurs secourus par le gouvernement ont droit à de nouvelles faveurs, qu'offrirez-vous en compensation à ceux de leurs confrères plongés aujourd'hui dans la misère, parce qu'ils ont été repoussés dans leur demande en participation à l'emprunt, lorsqu'ils offraient des garanties aussi solides que celles acceptées pour une répartition faite dans des intérêts privés et non en vue de secourir le commerce de la librairie, au nom duquel on fait un appel aux sentiments généreux de la Chambre? Quelle indemnité accorderez-vous à ce père de famille dont les meubles ont été saisis et vendus sur la place publique, parce qu'il était dans l'impossibilité de payer sa part des charges de l'État, grossie par les libéralités du gouvernement à l'égard de ces libraires engagistes! Quelle indemnité accorderez-vous enfin à ce libraire moins heureux, qui, malgré des offres de dépôts autres que les *Dictionnaires de Moréri* EN FEUILLES, les *Instituts de Tamerlan*, les *Recherches sur la science des gouvernemens*

---

(2) On aurait pu citer des libraires dépositaires qui se livrent aux spéculations de la Banque avec l'argent qu'ils ont reçu en échange de dépôts qu'ils se garderont bien de retirer. *V. la note de la page* 13.

de Gorani, n'ayant point été admis, a été forcé, afin de remplir ses engagemens, de réaliser en une valeur matérielle de 5,000 fr., ce qui avait coûté *cinquante-quatre mille francs....*? Les châteaux de Bicêtre ou de Villers-Cotterêts.

Quelle serait donc la grave considération qui pourrait militer en faveur de ces libraires engagistes? MM. Lafitte et Bossange père vont nous l'apprendre : *l'insolvabilité de tous ; et de là impossibilité de retirer les dépôts.*

- *Insolvabilité !* Je ne conseillerais pas à l'auteur de la proposition, malgré sa popularité, s'il voulait éviter une visite forcée à la police correctionnelle, d'assurer que les éditeurs des œuvres de Descartes, de Locke, de Reid, de Proclus, d'Euclide, des œuvres de MM. Charles Dupin, Cousin, Thiers, Guizot, Lagrange, des ouvrages de jurisprudence de MM. Merlin et Carré, enfin, que l'éditeur même de la collection des classiques français et étrangers en 220 vol. in-18, sont des gens insolvables.

On se laisse bien placer dans les généralités insolvables : cette insolvabilité atteint tous les emprunteurs et n'est applicable individuellement à personne; autrement tous ces éditeurs, les uns après les autres, crieraient à la diffamation ; ils seraient même tous en ce cas prêts à retirer les dépôts donnés en nantissement..... Si toutefois une bonne loi votée dans leurs intérêts ne vient pas les dégager de leurs obligations......... alors ils ne seront plus insolvables ! Ils vous diront qu'ils ont profité du bénéfice d'une loi qui, je ne cesserai de le répéter, serait subversive de tous les principes d'équité et d'égalité (1).

Mais, direz-vous, « La vente intempestive d'un » si grand nombre d'ouvrages porterait un grand » préjudice au commerce de la librairie qui souffre » encore beaucoup des événements de juillet. Ce » dernier coup l'écraserait tout-à-fait, en occasio- » nant une perte considérable, non-seulement à » ceux qui ont emprunté, mais encore à ceux » qui n'ont pas participé à ce bienfait du gou- » vernement. »

Posons d'abord un fait : Y a-t-il urgence pour le gouvernement de réaliser instantanément et vendre en masse tout ce qu'il a reçu en garantie? Certes, non. Et que l'on ne s'y méprenne pas; les besoins de l'État l'exigeant, il n'y aurait pas grand danger pour le commerce de la librairie auquel vous semblez porter tant d'intérêt. Presque tous les ouvrages engagés par les libraires en faillite ou insolvables, ont subi le sort qui les attendait; ils sont déjà

______

(1) Si ce n'était la crainte de froisser l'amour-propre de quelques-unes de ces maisons, j'aurais pu indiquer des ressources qui sont étrangères au commerce, et détournées ainsi de leur véritable destination : le chef d'une de ces maisons est propriétaire d'un nombre considérable d'actions sur un journal en pleine prospérité, le *National* qui, certes, ne passe point pour être l'auxiliaire du gouvernement. Pourquoi ce libraire ne vendrait-il pas ces actions afin de remplir ses engagemens envers l'État? D'autres enfin, sont propriétaires de titres de propriétés; ils en trouveraient le placement avantageux, s'ils y étaient obligés. *Donc il n'y a pas insolvabilité.*

sans valeur, et se trouvent sur les quais et les ponts, offerts à vil prix. De ce côté, le commerce ne sera pas plus ébranlé qu'il ne l'a été par suite des nombreuses déconfitures qui ont elles-mêmes amené une baisse sur le papier imprimé mis à la rame. J'en appelle à l'expérience de M. Bossange père.

Reste donc à décider sur quelques ouvrages recherchés, mais en petit nombre. Si les engagistes se refusaient à les retirer, et qu'alors leur insolvabilité fût notoire, après des délais que le gouvernement n'est point sans doute dans l'intention de refuser, il se trouvera des acquéreurs qui rendront à la circulation, au commerce de la librairie enfin, ces ouvrages difficiles à se procurer, épuisés en apparence, et qui auraient été retirés sans la proposition de M. Lafitte. Là, au moins, il y aura véritable avantage pour toute la librairie.

Mais un nouvel obstacle s'élève : plusieurs ouvrages (et ce sont les plus importants) ont été engagés avec leurs titres de propriété. L'abandon admis, qui deviendra propriétaire de ces titres? Ces titres seront-ils rendus au libraire qui aura engagé? l'État qui a prêté sur cette double garantie, deviendra-t-il propriétaire définitif?

Je sais qu'un orateur a dit : *L'État aurait le droit d'exploiter les clichés des ouvrages stéréotypés;* mais si l'État est obligé d'exploiter les dépôts pour couvrir une partie de ses avances, pourquoi ne le ferait-il pas pour la totalité du gage non retiré. Par cette mesure, le commerce ne serait point ébranlé.

Ces ouvrages seraient rendus à leur véritable destination, à la librairie que l'on feint de protéger. Par
cette mesure, le trésor, au lieu d'éprouver une
perte aussi considérable que celle prédite par
M. Bossange, perte qui ferait peu d'honneur aux
emprunteurs et donnerait une triste idée des con-
naissances bibliographiques des membres de la
commission chargée d'estimer les valeurs en dépôt,
il y aurait peut-être balance.

« Mais, ajoute-t-on, en plaçant les livres mis
» en dépôt dans les bibliothèques existantes, en en
» créant de nouvelles, l'État, tout en offrant aux
» emprunteurs un moyen de s'acquitter, fera une
» belle affaire. »

L'affaire serait belle, sans doute, si, comme on
l'a annoncé, le dépôt et les livres proposés en échange étaient dignes d'être choisis comme noyau de
bibliothèques, ou complément de celles qui existent. Mais il n'en est pas ainsi ; et lorsqu'un orateur
s'est servi du mot *drogues* pour caractériser la plu-
part des ouvrages en dépôt, il avait mis le doigt sur
la plaie. On a cité à la tribune les ouvrages de Cicé-
ron, de Bossuet, d'Euclide et de Lagrange. Mais
combien de mauvais auteurs passent sous le patro-
nage de ces immortels génies! Partons d'un point
de comparaison : que l'on jette les yeux sur la liste
des livres proposés en échange ; qu'y trouve-t-on ?
Souvent l'offre *des livres déjà en dépôt*. L'on cher-
cherait vainement : dans la *Théologie*, les œuvres
complètes de Bourdaloue, Massillon, Bossuet, Fé-

nélon, de l'abbé Godescard; dans la *Jurisprudence*, les Traités de MM. Pardessus, Toullier, Du-
ranton, Rogron, Favart de Langlade, Chabot,
Grenier, les Recueils de MM. Dalloz, Sirey et Ma-
carel; dans les *Sciences*, le Dictionnaire d'Histoire
naturelle, celui des Sciences médicales, les Traités
de MM. Orfila, Andral, Chaussier, Richerand, Pi-
nel, Capuron, Baudelocque, Boyer; les Traités de
chimie de Thénard, etc.; enfin, tous les livres tant
anciens que modernes, ayant une valeur réelle.
Mais en revanche, l'on propose les Traités de Jurisprudence de MM. Biret, Desquiron et Dufour!
dans les sciences, le Traité des accouchemens de
M. Maygrier, EN ESPAGNOL!

Rien n'était plus propre à donner la véritable
appréciation commerciale des ouvrages mis en dépôt, que cette liste de livres proposés en échange,
extraits du catalogue des emprunteurs. Si l'échange
était accepté, de nombreuses difficultés surgiraient
de cette proposition contraire aux intérêts de tous;
chaque dépositaire exigerait la partie la plus mar-
chande au prix de l'estimation du prêt, faible sur
quelques articles ayant cours, et les autres, d'un
mérite inférieur, sans valeur commerciale, seraient
refusés par *leurs pères adoptifs* : plus d'asile pour
eux, ils seraient traités en enfans perdus.

Ainsi, loin de protester contre l'épithète de *drogues*, j'affirme que c'est la seule convenable pour
les neuf dixièmes du papier mis en dépôt; et
M. Bossange sera lui-même de mon avis; car, loin

d'offrir en échange des livres de prix de la belle collection d'ouvrages composant sa galerie, je n'ai rien aperçu d'important qui soit extrait de son catalogue dans les livres proposés en échange, si j'en excepte les *Liliacées* et les *Plantes grasses* de Redouté; et savoir à quel prix seraient portés ces deux ouvrages, si l'échange était fait pour livres tirés au sort, parmi ceux mis en dépôt.

Placez, dira-t-on, des bibliothèques dans les pri-
» sons qui, en France, sont une école du crime ;
» l'esprit, comme partout, y a besoin d'une occupa-
» tion. (1)

Certes s'il ne manquait qu'une bibliothèque pour compléter notre système pénitentiaire et arriver à une perfection désirée par le vertueux Larochefoucauld et les philanthropes qui s'intéressent à cette portion de la société, la plus à plaindre puisqu'elle en est en quelque sorte bannie; si enfin nos prisons étaient dignes d'être comparées aux établissements de ce genre, organisés en Suisse et aux Etats-Unis, j'approuverais une telle proposition ! mais encore vos 5oo,ooo volumes seraient inutiles : un seul livre suffit dans ces établissements pénitentiaires, la *Sainte Bible*, imprimée avec économie et non en 24 vol. in-8°, ou avec les 64 dessins de Deveria.

La masse de livres en dépôt est effrayante, sans

---

(1) Observat. de M. Bossange, p. 6.

doute; mais jamais le commerce de la librairie, dans sa plus grande prospérité, n'a pensé secourir les maisons colossales qui se sont écroulées, et jamais il n'est venu à calculer le tort qui pourrait en résulter pour chaque établissement. La rivalité existante entre chaque confrère a amené l'indifférence sur les malheurs d'autrui, si quelquefois même ils ne sont pas attendus avec impatience et appris avec contentement (1) : ainsi, l'intérêt du commerce ne sera point ébranlé par la déconfiture de quelques maisons; et encore est-elle peu probable, car si les livres engagés ont une valeur, ils se soutiendront d'eux-mêmes; au contraire, s'ils sont indigestes ils ne feront que changer de place : au lieu de pourrir dans les magasins, ils serviront à envelopper les objets nécessaires à la vie, ils iront enfin chez la *beurrière*. Donc, si l'abandon proposé par M. Lafitte est accepté, les mauvais auteurs, au lieu de servir à quelque chose après leur mort littéraire, resteront ensevelis sous la poussière des bibliothèques, et auront pour lecteurs assidus les vers qui, lassés eux-mêmes, finiront par les ronger afin d'en débarrasser la gente humaine; car, à l'exception de trente articles, tout bibliophile, tout littérateur sera de mon avis, il serait impossible de trouver dans la masse de papier noirci déposé, ces livres desquels l'orateur romain a dit *in quibus immorari oportet et senescere*.

---

(1) *Auri sacra fames, quid non mortalia cogis pectora !*

Si je ne m'abuse, il me semble que j'ai rempli autant qu'il était permis à ma faiblesse, ce que j'avais promis au commencement de cet écrit : d'appeler l'attention des mandataires d'un Peuple accablé d'impôts sur une mesure inconstitutionnelle, dont le résultat serait de protéger quelques individus au détriment du commerce de la librairie et de la Société entière réclamant égalité et justice.

Il n'y aurait point égalité, encore moins justice dans la sanction d'un pareil acte. Et qu'on ne croie pas qu'il y ait ici intention d'appeler la sévérité du gouvernement sur les emprunteurs, voire ceux qui prêtent aujourd'hui *à la petite semaine* avec les fonds qu'ils ont reçus contre des rebuts de magasin, et dont ils se vantent impunément.

Il n'y aurait pas justice d'appeler de nouveaux bienfaits sur ces libraires ayant reçu du gouvernement la plus forte part dans le prêt, sont aujourd'hui, je ne dis pas ses ennemis, mais *ses plus cruels détracteurs*.

La position de quelques pères de familles, dignes de la sollicitude du gouvernement, exige des mesures qui, sans nuire aux intérêts du Trésor, puissent être salutaires au commerce de la librairie.

L'intérêt de la librairie exige donc dans ces circonstances :

Acceptation de l'abandon proposé par les libraires dont l'insolvabilité sera reconnue.

Vente des livres abandonnés au profit de l'État, aux libraires exclusivement et par nombre déterminé.

Délais nouveaux à accorder aux emprunteurs solvables qui s'engageraient à retirer.

Poursuites en cas de non retrait.

En résumé, la proposition de M. Lafitte pourrait être ainsi amendée.

Art. 1er. Le Ministre des finances est autorisé à libérer en capital, intérêts et frais, les libraires qui ont pris part aux 3o,ooo,ooo de secours ouverts au commerce, et qui offriront l'abandon des ouvrages déposés *lorsqu'il aura été constaté que ces libraires sont insolvables.*

Art. 2. Les dépôts ainsi abandonnés seront mis à la disposition du *Ministre des finances, qui placera lesdits dépôts abandonnés sous la responsabilité d'un agent chargé d'en opérer la vente au profit du Trésor, et ce, aux* LIBRAIRES EXCLUSIVEMENT, par douze exemplaires *au moins, au prix qui sera fixé dans un catalogue imprimé à cet effet.*

Art. 3. Il est accordé un délai de. . . . . aux libraires, pour se libérer, et retirer les dépôts consignés; faute par eux de le faire, ils y seront contraints à la diligence de l'agent judiciaire du Trésor.

Cet écrit serait incomplet, si je terminais sans signaler une grave erreur échappée à M. Lafitte : l'honorable auteur de la proposition a dit à la tribune que l'imprimerie et la librairie avaient eu part à la répartition de 1,284,000 fr.; la *librairie seule y est comprise* : quant à l'imprimerie, ses intérêts sont tout différens ; les sommes allouées à cette industrie lui ont été remises à part et sans autre *garantie que l'obligation de chaque emprunteur*. Si le nom d'un typographe figure sur la liste du prêt fait à la librairie, c'est en qualité d'*éditeur*. Les librai-res-emprunteurs donnaient en consignation, sans nuire à leurs maisons ; le maître imprimeur ne pouvait mettre en dépôt, presses et caractères sans paralyser son établissement. Ainsi, la proposition de M. Lafitte, dut-elle être convertie en loi, l'im-primerie restera toujours débitrice de l'État, puis-qu'elle n'aura point d'abandon à faire.

Ne serait-il pas convenable pour l'État créancier et les imprimeurs obligés, de charger ces derniers de l'entreprise des impressions faites jusqu'à présent par l'*Imprimerie Royale*, et ce à un prix inférieur? Il y aurait double avantage : *libération* pour les emprunteurs au moyen de retenues combinées avec l'importance des labeurs et *bénéfice* pour l'admi-nistration.

Ces deux positions différentes ne sauraient trop être recommandées à l'attention de MM. les Dépu-tés. Il me suffit donc d'avoir signalé une erreur assez grave dans laquelle l'auteur de la proposition est tombé.

FIN.